COMITÉ DE DÉFENSE ET DE PROGRÈS SOCIAL

*Patrie, Devoir, Liberté.*

SÉANCE

DU VENDREDI 15 MARS 1895

# DE

# LA RESPONSABILITÉ DE CHACUN

# DEVANT LE MAL SOCIAL

PAR

## M. LÉON OLLÉ-LAPRUNE

Extrait de *LA RÉFORME SOCIALE*

15° MILLE



AU SIÈGE DU COMITÉ
54, RUE DE SEINE, 54
PARIS

N° 7.

# ALLOCUTION DE M. GEORGES PICOT

### PRÉSIDENT

M. LE PRÉSIDENT. — La séance est ouverte. Nous vous remercions, Messieurs, de votre persévérance. (*Ah ! ah ! — Applaudissements. — Un assistant : C'est vous qu'il faut remercier.*)

Vous avez compris quel était le but de notre campagne. (*Applaudissements.*) Vous avez senti que nous avions au cœur une profonde conviction et que nous vous disions notre pensée avec une entière franchise. Notre conviction, c'est que l'homme instruit doit employer toutes ses forces, toutes ses lumières, tout ce que Dieu lui a donné de puissance à améliorer le sort de ses semblables, qu'il doit étudier leurs maux pour y remédier, découvrir leurs souffrances pour les soulager, pénétrer leurs illusions pour les dissiper, et qu'il n'est pas une de ses facultés qui ne doive servir à cette œuvre de progrès mutuel dont chaque étape est marquée par un pas nouveau de l'humanité dans la voie de la civilisation. (*Applaudissements.*)

Notre franchise, vous n'en doutez pas davantage. Nous vous avons tout dit, sans chercher à vous plaire, ni à vous flatter. Nous avons déchiré tous les voiles, banni les équivoques, rompu avec les fausses doctrines et déclaré la guerre à toutes les formes du socialisme. Nous n'avons jamais hésité à vous parler de devoir et de morale. (*Applaudissements.*)

Oui, ces deux mots de devoir et de morale, vous les avez retrouvés dans la bouche de tous les orateurs qui se sont levés ici, parce que ces deux mots renferment tout ce que nous souhaitons, tout ce que nous voulons. Nous les rencontrons partout comme l'unique mobile de l'action. Les plus grandes révolutions de ce monde se sont toutes faites, entendez-le bien, au nom du devoir et non pas avec l'idée du droit. C'est avec l'idée du devoir que les grandes transformations de l'humanité se sont accomplies, parce qu'on ne peut pas agir sur la liberté de l'homme par l'obligation, par l'oppression, et qu'il faut susciter la volonté par un sentiment intime, qui la met en mouvement. (*Applaudissements.*)

Est-ce que le Christianisme a aboli l'esclavage en provoquant l'esclave à la révolte ? C'est en parlant au maître de ses devoirs... (*Un assistant : A bas les Jésuites ! — Bruit. — Un autre : A la fourrière ceux qui crient !*) C'est en parlant au maître de ses devoirs ; c'est en parlant à l'élite de ce qu'elle peut faire, des transformations qu'elle doit accomplir.

Ne doutons pas, Messieurs, de l'efficacité de l'idée du devoir. Ne nous lassons pas de parler à ceux qui peuvent, à ceux qui possèdent, à ceux qui savent. (*Bruit.*) L'erreur des courtisans du peuple est de lui répéter qu'il est tout-puissant. (*Applaudissements.*) Les grandes réformes ne sont possibles que s'il se produit un accord entre la foule et l'élite. C'est à l'élite qu'il faut parler, qu'il ne faut pas se lasser de s'adresser. Quelle serait donc la portée de l'instruction, au progrès de laquelle nous sommes tous attachés, si elle n'avait pas pour effet de créer dans le sein des sociétés une maîtrise intellectuelle qui discerne les grands courants, les exprime, en tire la loi et en réalise les aspirations. (*Bruit persistant.*)

Je vois aisément, Messieurs, le parti pris de quelques auditeurs, qui n'acceptent pas volontiers l'existence d'une élite. En effet, à voir ce qui se passe en ce moment, dans une partie de la salle, je comprends les protestations de quelques-uns. Il y a ici des auditeurs tout à fait étrangers à ce que j'appelle l'élite intellectuelle de la jeunesse. (*Bruit.*) Ils n'en font pas partie, mais ils ne sont qu'une faible minorité dans cette assemblée et ils essaient de protester contre la grande majorité. (*Double salve d'applaudissements.*) Ce qu'ils tentent, en étouffant notre voix, est le contraire d'une œuvre de progrès et d'émancipation : il est évident que ceux-là n'ont pas la moindre notion de la liberté. (*Applaudissements.*)

Parlons donc ici, Messieurs (c'est pour cela que nous sommes réunis), non le langage des charlatans, mais celui qui convient à des hommes libres et sincères. Vous ne venez, jeunes gens, du fond de vos départements travailler à Paris que pour demander à la science d'accroître vos forces, de développer vos initiatives, de vous apprendre à distinguer le vrai du faux et à discerner les conditions vraies de la vie. Vous êtes l'élite et vous avez en vue une légitime ambition, celle d'enseigner autour de vous la vérité. Cet enseignement, sachez-le d'avance, sera une lutte de tous les jours. N'hésitez jamais à prendre l'offensive ; ne vous en prenez pas aux personnes ; mais attaquez sans trêve ni merci les idées fausses. Le combat de la pensée, l'effort de l'esprit pour ramener dans les voies de la vérité une conviction qui s'égare, voilà le couronnement de nos études. (*Applaudissements.*)

Si nous souffrons de rencontrer auprès de nous tant d'erreurs, tant d'idées fausses, jouissons du moins, Messieurs, de vivre en pleine liberté de nos convictions dans une époque militante. Nous avons le droit de parler, nous avons le droit d'écrire, nous avons le droit d'agir. Sachons en user. Sachons comprendre le devoir sous toutes ses formes. Vous allez entendre tout à l'heure la voix d'un homme qui a parlé avec un sens profond de « la philosophie dans le temps présent », qui a trouvé comme synonyme du devoir social ce mot heureux qui doit demeurer la devise des hommes de bonne volonté : le devoir d'agir. (*Applaudissements.*) En l'écoutant, vous prendrez la résolution d'employer votre liberté à acquérir pour vous et pour les autres, à force de dévouement et d'action, un peu plus de justice dans ce monde. (*Applaudissements.*)

C'est là l'effort successif de toutes les générations ; c'est le sens de notre histoire (*Bruit*) ; et ceux qui le méconnaissent, ceux qui protestent ne se doutent pas que, de génération en génération, l'œuvre tout entière de l'histoire de France, et son honneur devant l'humanité, a été d'obtenir, d'époque en époque, au grand profit des hommes, un peu plus de justice et un peu plus de liberté. (*Applaudissements.*) Le devoir qui nous incombe sera d'y ajouter ce que nous devons désirer par-dessus tout, ce qui est le complément de l'idée de justice, ce sentiment qui combat avant tout et sous toutes ses formes l'égoïsme de l'homme, qui, suivant les temps, suivant les convictions religieuses ou les passions sectaires, s'appelle Fraternité ou Solidarité, et dont le véritable nom est l'esprit de Charité. (*Bruit. — Applaudissements.*)

Vous pouvez protester, mais nous n'en demeurerons pas moins fidèles au plus beau précepte qui ait été donné aux hommes, à ce mot qui signifie à la fois la charité et la fraternité, à ce mot qui résume tout et qui, après l'idée de justice, doit la compléter en servant de guide et de maxime éternelle à ceux qui agissent : Aimez-vous les uns les autres. (*Vifs applaudissements.*)

La parole est à M. Ollé-Laprune.

## CONFÉRENCE DE M. OLLÉ-LAPRUNE

---

# DE LA RESPONSABILITÉ DE CHACUN
## DEVANT LE MAL SOCIAL

M. OLLÉ-LAPRUNE. — Je me propose, ce soir, Messieurs, de vous faire part de quelques réflexions très simples. Ce que vous en penserez, ce que vous en ferez, cela vous regarde. (*Bruit.*) Seulement je vous prie de vous souvenir... (*Bruit continu dans le haut de la salle. — A la porte tous ces voyous! — Applaudissements*)... Je vous prie de vous souvenir, quelque accueil que vous fassiez à ma parole et dans quelque mesure qu'il vous plaise de la contredire et de la combattre, que vous avez affaire à une parole qui est sérieuse et qui est sincère. (*Applaudissements.*)

Que ce soit là tout mon exorde. Et cela dit, j'entre en matière. (*Applaudissements.*)

Je vais vous parler de la responsabilité de chacun devant le mal social... (*Un assistant : Elle est grande, la vôtre! — Bruit.*)

### En quoi consiste le mal social?

Et d'abord qu'est-ce que le mal social? Qu'est-ce que j'entends par là?

Tout ce qui, dans la société, est un désordre, une perturbation, est, en un sens, un mal social. Mais ce n'est pas dans ce sens large que je prends le mot. (*Nouveau tumulte.*)

S'il est vrai qu'en un sens tout ce qui trouble le fonctionnement social, que tout ce qui est un trouble ou une perturbation *dans* la société et *pour* la société est un mal social, j'appelle cependant plus proprement mal social ce qui est mal non pas seulement *dans* la société et *pour* la société, mais un mal *de la* société en tant qu'elle est société. (*Bruit.*) Je m'explique, Messieurs. Vous allez facilement me comprendre. C'est très simple. (*Ah! Ah!*)

La société est essentiellement rapprochement et groupement. Que si, dans la manière dont les membres de la société sont groupés, il se trouve que quelques-uns occupent de très bonnes places et quelques autres de très mauvaises places... (*Un assistant :... Ils ne sont pas contents!*), s'il se trouve même que quelques-uns semblent ne pas trouver de place du tout... (*Un assistant : Il y en a!*)... voilà alors, n'est-ce pas, un mal, un trouble qui est un trouble de la société même, en tant que société. Cette inégalité entre ces hommes et ces hommes crée une souffrance d'abord et ensuite un antagonisme, et cet antagonisme est fait de mépris, de haine et de crainte mutuels. On se méprise mutuellement, on se hait mutuellement, on se redoute mutuellement, et voilà proprement, Messieurs, ce que j'appelle le mal social. (*Applaudissements.*)

( Que, dans notre société, il y ait de ces inégalités... *Un assistant : Parlez plus haut! on n'entend rien! — Un autre : N'interrompez pas, vous entendrez ! — Bruit. — A la porte les voyous!*) Que, dans notre société, il y ait de ces inégalités... (*Un assistant : A qui la faute?*) c'est ce qu'il est bien facile de voir. (*Un assistant : Oh! oui, alors!*) Il suffit de regarder dans la rue d'abord... (*Un assistant : Prenez garde, vous allez devenir socialiste! — A la tribune!*)

Il suffit, dis-je, de regarder dans la rue pendant deux ou deux minutes, le temps, par exemple, d'aller de l'École de Médecine, qui est là, à l'hôtel des Sociétés savantes, qui est ici. Qu'est-ce vous voyez dans la rue?... (*Un assistant :... Des maisons ! — Un autre :... Des sergots !*) Vous voyez, par exemple, un homme qui passe, une serviette sous le bras. (*Oh ! oh !*) C'est un homme qui travaille de l'esprit. Un autre passe avec un paquet, et des paquets, il y en a de toutes sortes. Et puis vous voyez une voiture qui passe, et, dans cette voiture, il y a un homme du monde et une femme du monde... (*Bruit*)... Laissez-moi donc finir, Messieurs, vous comprendrez après !... Et, pendant ce temps-là, il y a un homme qui balaie ou qui répare la chaussée sur laquelle roule cette voiture... (*Un assistant :... Le panier à salade !*) Et puis il y a des gens suffisamment vêtus, bien chaussés, et qui ont peut-être dans leur poche de l'or ou des billets de banque... (*Ah ! ah !*)... et qui, en rentrant chez eux, sont sûrs de trouver de quoi dîner et un logis pour s'abriter. Et il y en a d'autres qui n'ont que des chaussures percées... (*Un assistant :... Des va-nu-pieds !*)...des vêtements en mauvais état, qui n'ont rien dans leur poche et qui ne sont pas sûrs d'avoir de quoi manger ni d'avoir où se coucher. (*Bruit.*)

Eh bien ! Messieurs, je ne dis pas tout cela pour faire des phrases; je ne déclame pas, mais je rappelle tout simplement des faits (*Oui*) avec leur réalité poignante, des faits qu'il faut savoir se mettre sous les yeux. (*Applaudissements.*) Et, si vous voulez que nous résumions ces contrastes-là dans deux ou trois formules, voici ce que je dirai : Il y a des hommes qui travaillent de l'esprit et d'autres qui travaillent des mains : premier contraste, première différence ; il y a des hommes qui, travaillant des mains, ont besoin de ce travail pour vivre, tandis que d'autres... (*Un assistant :... vivent du tra-*

*vail des autres !*)... tandis que d'autres n'ont pas besoin semble-t-il, de travailler pour vivre. Et, Messieurs, il y a plus : il y a des hommes qui, tout en travaillant, n'ont pas assez pour vivre... (*Un assistant : Nous savons ça ! — Un autre : Non, vous ne le savez pas !*) Il y a des hommes qui, tout en travaillant, n'ont pas assez pour vivre, et il y en a qui ne trouvent même pas de travail. Et, de l'autre côté, il y a des hommes qui n'ont pas besoin de travailler pour vivre, je le répète. Eh bien, Messieurs, résumons encore ces contrastes dans une formule peut-être plus saisissante : il y a, d'un côté, des hommes qui ont moins qu'il ne faut, qui n'ont pas assez et d'autres qui ont plus qu'il ne faut ; il y a des hommes qui, dans le monde, sont pour ainsi dire tout et ont tout, tandis que d'autres ne sont pour ainsi dire rien et n'ont rien. Voilà l'inégalité que je trouve bon de nous remettre sous les yeux. (*Applaudissements.*)

## Qu'il y a des inégalités inévitables, nécessaires, légitimes, et qu'il y en a d'iniques.

Messieurs, l'inégalité n'est pas nécessairement et de soi iniquité. (*Ah ! si !*) Il y a des inégalités inévitables, il y a des inégalités nécessaires... (*Un assistant : Ça n'est pas vrai !*) et il y a des inégalités légitimes. (*Un assistant : Exploiteur !*)

Vous me demandez s'il y a des inégalités inévitables. Je le crois bien, Messieurs. Quand la société se rétablirait tous les ans sur de nouvelles bases, à la fin du premier mois, il y aurait déjà des inégalités, et quand la société se renouvellerait tous les mois, au lendemain du premier jour, l'intelligence des uns et l'inintelligence des autres, la paresse des uns et l'activité des autres auraient créé des inégalités. (*Applaudissements. — Bruit.*)

Et il y a des inégalités nécessaires, tout simplement parce que la société est un corps, est un organisme et que dans l'organisme social comme dans l'organisme humain, comme dans tout organisme, il y a plusieurs membres et que tous ne peuvent pas être la tête, ou tous, les yeux, ou tous, les mains. (*Applaudissements.*)

Et il y a des inégalités légitimes... (*Un assistant : Rothschild qui a 3 milliards ! — A bas Rothschild ! — A bas les antisémites ! — A bas les Juifs !* — il y a des inégalités légitimes, parce que, par exemple, il est légitime d'accorder plus de respect et plus d'honneur à l'intelligence qu'à son contraire. (*Applaudissements.*)

Mais, Messieurs, s'il y a des inégalités inévitables et nécessaires et légitimes... (*Un assistant : Lesquelles ? Jamais de la vie !*)... il y en a de criantes... (*Ah ! ah !*) il y en a de criantes et il y en a d'iniques... (*Bruit. — Altercations dans une partie de la salle.*)

M. LE PRÉSIDENT. — Ne laissez pas croire, Messieurs, que vous avez voulu empêcher l'orateur de réfuter vos arguments. (*A bas la chrétienté ! — A bas les Juifs ! — Vivent les juifs ! — Vive la garde nationale !*

M. OLLÉ-LAPRUNE. — Devant les inégalités criantes, Messieurs, les attitudes sont diverses : il y a des gens qui ne les voient pas. C'est, pour eux, comme la poussière des routes : ils ne la voient que quand le vent la soulève. Il y a des gens... (*Bruit. — A bas la police !*) Il y a des gens qui ne veulent pas voir le mal social, parce que cela les trouble et les gêne ; il y en a qui veulent bien le voir, mais ils en prennent facilement leur parti, quand ils n'en ont pas peur pour eux-mêmes. (*Applaudissements.*)

Il y en a qui le voient pour l'aigrir (*Applaudissements*), pour l'exploiter (*Applaudissements redoublés*), parce que cela contribue à leur renommée et à leur influence. (*Applaudissements.*)

Il y en a qui, le voyant, tâchent de le soulager, par bon cœur, mais d'une façon superficielle ; d'autres sont très désintéressés, et très généreux, et très dévoués... (*Un assistant : Ça n'est pas vous, en tous cas ! — Un autre : Qu'il montre, le voyou !*)

Et enfin, Messieurs, il y en a qui, devant ce mal social tel que je l'ai défini tout à l'heure, se disent qu'il y a là quelque chose qui n'est pas juste (*Applaudissements*), qu'il y a là quelque chose dont ils ne sont pas contents, c'est-à-dire dont la raison n'est pas contente, dont l'éternelle justice n'est pas contente, quelque chose dont Dieu même n'est pas content. (*Salve d'applaudissements.*)

Et je suppose, Messieurs, que vous êtes tous de ces généreux et de ces mécontents, et mon discours n'a de sens... que s'il s'adresse à des gens qui soient, en effet, dans ces sentiments. (*Applaudissements.*)

## Qu'il faut que chacun pense d'abord à sa propre responsabilité devant le mal social.

Messieurs, si vous êtes dans les sentiments que je viens de supposer, vous trouverez bon que nous tâchions de déterminer et de mesurer notre responsabilité devant ce mal social que je viens d'essayer de définir, la responsabilité de chacun...

Un assistant. — Oh ! de vous, Monsieur !

M. Ollé-Laprune. — En général, quand on parle de responsabilité, on pense à celle du voisin (*Rires et applaudissements*) et c'est pourtant à la sienne qu'il faudrait penser (*Applaudissements. — Un assistant : La responsabilité n'est pas scientifique.*) Je pense que, dans mon discours, il y aura quelque chose qui pourra s'adresser aux millionnaires, mais je commence par m'adresser aux jeunes étudiants, et même à ceux qui n'ont pour ainsi dire rien (*Ah ! ah !*); et je prétends, Messieurs, que ceux qui n'ont pour ainsi dire rien, ont cependant quelque chose de plus que beaucoup

d'autres... (*Un assistant : A Saint-Sulpice! Un autre :
A Mazas, vous!*)

M. OLLÉ-LAPRUNE (*se tournant vers le Président qui
veut apostropher les interrupteurs*). — Laissez... je ne ré-
pondrai pas : je méprise tout cela. (*Applaudissements.*)

Je dis que, qui que vous soyez, quand vous n'auriez
que très peu de chose et pour ainsi dire rien, vous
avez cependant, par cela seul que vous êtes des étudiants, vous avez quelque chose de plus que beaucoup d'autres : votre culture, votre instruction (*Bruit*),
tout cela constitue pour vous... (*Bruit. — A la tribune!*), je dis, Messieurs, que tout cela constitue pour
vous un avoir qui manque à d'autres, et, par conséquent, cela crée pour vous une responsabilité qu'il
importe de considérer. (*Bruit.*)

Vous m'obligez à répéter presque toutes mes phrases. C'est allonger le discours bien inutilement. Je
dis (il faut bien que je le répète, pour qu'on me com-
prenne), je dis que ce que chacun de nous a de plus
que les autres, tout ce qu'il a par sa culture, par son
instruction, tout cela constitue pour lui un avoir qui
manque à d'autres et que tout cela, par conséquent,
crée pour lui une responsabilité qu'il importe de considérer. (*Applaudissements.*)

Oui, qui que vous soyez, jeunes gens, jeunes étudiants, vous avez, devant le mal social, une responsabilité...

UN ASSISTANT. — Mais quelle sorte de responsabilité?

M. OLLÉ-LAPRUNE. — Nous allons le dire... ne serait-
ce, Messieurs, que par rapport au décrotteur qui cire
vos souliers ou au garçon de café à qui vous demandez
un grog bien chaud. Vous qui vous faites servir par
lui, vous avez plus que lui. Eh bien, cet avoir que
vous avez en plus constitue pour vous un devoir, et
c'est de cela que j'ai à vous parler. (*Un assistant : Eh!
je cire mes souliers moi-même, moi! — Un autre : On voit*

*bien que vous avez tout ce qu'il faut pour faire un décrot-*
*teur ! — Rires et applaudissements. — Un autre : Tu*
*auras la médaille !)*

### Deux choses à bien considérer.

Les deux propositions que je tiens à établir sont celles-ci : 1° Ces hommes qui ont moins que vous sont des hommes... (*Un assistant : Parfaitement !*)... et 2°, si vous vous regardez vous-mêmes, cet avoir que vous avez en plus et qui leur manque crée pour vous un devoir, car toute richesse est une fonction sociale. Voilà les deux propositions que je me propose d'établir le plus rapidement possible, mais la rapidité ne dépend pas de moi. (*Applaudissements.*)

**I. — Les hommes qui, à certains égards, ont moins que nous et sont moins que nous, ce sont des « hommes ».**

Ces hommes qui, à certains égards, ont moins que vous et sont moins que vous, ce sont des hommes. C'est bien simple, mais on n'y pense pas, et, quand on y pense, on trouve que cela va loin et que cela mène loin, car enfin, Messieurs, si ce sont des hommes, — permettez à un philosophe (*Oh ! oh !*) de se servir d'un mot philosophique — ce sont, comme on dit dans les écoles, depuis Kant, ce sont des *fins en soi* (*Applaudissements*); en termes plus accessibles, ce sont, Messieurs, des hommes que vous ne pouvez pas, par cela même que ce sont des hommes, traiter comme des instruments et comme des outils.

Un assistant. — C'est pourtant ce que vous faites tous les jours !

M. Ollé-Laprune. — ... C'est pourtant ce que vous faites vous-mêmes s'il vous arrive, en leur parlant, de les traiter parfois comme on traite un chien, ou comme on ne traite pas un chien (cela arrive) ; c'est ce que vous faites vous-mêmes, si... (*Bruit*)... si, les regardant comme des gens de rien ou de peu, vous tenez devant eux certains propos qui ravagent leurs âmes, et qu'il vous semble que cela ne tire pas à conséquence. (*Applaudissements.*)

C'est encore ce que vous faites vous-mêmes, Messieurs... (*Bruit.*) Oh ! je vous dirai tout !... c'est encore ce que vous faites vous-mêmes si vous les employez à... comment dirai-je ? à d'odieuses et sales besognes, j'entends des besognes morales, ou plutôt immorales ! (*Applaudissements.*)

C'est ce que vous faites vous-mêmes si, voyant leurs souffrances, vous vous contentez, comme je disais tout à l'heure, de les aigrir et de les exploiter... (*Un assistant : C'est le patron qui exploite le garçon de café !*)... parce que ce sont des matières à phrases, à déclamations et des moyens de se grandir et d'arriver à quelque chose ! (*Applaudissements.*)

Enfin, Messieurs, c'est ce que vous faites et c'est ce que nous faisons toutes les fois qu'il semble que nous ayons pour maxime de notre conduite la maxime que voici : « Tout m'est dû à moi, et rien aux autres »... (*Un assistant : C'est la maxime des capitaux ! — Un autre : Panama !...*) ; ou encore cette maxime : « Qu'ils peinent, pourvu que je jouisse ! » (*Un assistant : C'est la maxime des juifs. — Vivent les juifs !*) Et j'arrive, Messieurs, à la question du travail et à la question du salaire. (*Ah ! ah !*) On ne peut pas tout dire à la fois. L'ordre de ce discours exigeait que je vous dise d'abord vos vérités, et je vous les ai dites. (*Applaudissements.*)

Eh bien, je m'adresse maintenant à un homme, à un homme... (*Un assistant : Lequel ?*)... qui serait, si vous voulez, ce que vous appelez un capitaliste, et, voici, Messieurs, la question que je me pose. Je suppose que je fais travailler d'autres hommes, et je me demande si, faisant travailler d'autres hommes, je songe assez que ce sont des hommes ; et vous pouvez bien vous le demander aussi, car, sans être des capitalistes, des millionnaires, ni des chefs d'atelier, ni des maîtres de forges, il vous arrive de faire travailler les autres hommes comme vous. Eh bien ! quand vous faites travailler d'autres hommes comme vous, ou quand nous faisons travailler d'autres hommes comme nous, est-ce que nous nous souvenons toujours que ce sont des hommes ? (*Jamais !* — *Pas souvent !* — *Plus haut !*) Oh ! je parlerais plus haut si je n'avais pas si souvent à surmonter des clameurs.

Que si, Messieurs, faisant travailler d'autres hommes et travaillant moi-même... (*Un assistant : ... A quoi ?*) Laissez-moi donc expliquer ma pensée ! Je vous ai dit que je supposais, dans ce moment-ci, un capitaliste, un maître de forges, si vous voulez, un chef d'atelier ou un grand industriel et que, pour la commodité du discours, je le faisais parler lui-même.

M. LE PRÉSIDENT. — Ils n'ont pas compris !

M. OLLÉ-LAPRUNE. — Ce n'est pas de moi que je parle : moi je ne suis pas tout cela !

Voilà donc que je fais, dans le sens où je viens de le dire, que je fais travailler d'autres hommes, et je dis que je travaille aussi. C'est vrai, Messieurs. (*Un assistant : Ce n'est pas vrai.*)

Oui, c'est vrai, je travaille... (*Un assistant : A quoi ?*) je travaille, car le grand industriel, il organise, il dirige, il a le souci, le souci de la direction ; il peut courir des risques ; il en court. C'est donc un homme qui travaille. Mais, par son travail, il entend bien s'enrichir. Or, s'il examine sa responsabilité devant le mal social, il peut se dire : Par mon travail j'entends m'enrichir, soit ; mais est-ce que je peux admettre que celui qui travaille sous mes ordres, dans cette usine, dans cette forge, que cet homme, en travaillant, n'ait pas de quoi vivre ? Voilà, Messieurs, la qnestion troublante... (*Un assistant :... Qu'il ne se pose jamais !*), la pensée qui doit inquiéter, qui doit alarmer... (*Un assistant : Ça ne le trouble pas beaucoup, parce qu'il ne pourrait plus travailler !*)

## La charité ne dispense pas de la justice, mais la suppose.

Eh bien, c'est donc la question de justice qui se pose. Ah ! je sais bien ce que certains disent : « Ne parlons pas de justice, mais parlons de charité. » Messieurs, entendons-nous une bonne fois sur les relations de la justice et de la charité. D'abord si, par charité, vous n'entendez que l'aumône, c'est beaucoup trop rétrécir et réduire la charité. (*Applaudissements. — Un assistant : La charité, c'est la restitution ! — Bruit.*) Ce n'est pas, croyez-le bien, remédier au mal social que de se contenter de donner à ceux qui souffrent un peu de son argent, en se sachant beaucoup de gré à soi-même de le donner. (*Applaudissements.*)

Que si vous comprenez le mot charité dans un plus grand sens, je dis que cette charité-là, la charité ainsi entendue, ou elle suppose la justice, ou bien elle l'implique et la renferme, mais elle n'en dispense pas (*Applaudissements*) ; jamais elle ne la remplace comme une chose dont on pourrait se passer. (*Applaudissements.*) Rendons cela plus clair... par des exemples on ne peut plus simples, on ne peut plus vulgaires, mais, par cela même, très précis, très faciles à saisir.

Vous devez, n'est-ce pas (c'est un devoir de justice), respecter la vie d'autrui. Cela, c'est la justice ; on le voit bien. Mais voici un homme qui meurt de faim sous mes yeux. Si je le laisse mourir de faim en ne l'assistant pas, est-ce à la charité ou à la justice que je manque ? (*Voix diverses : A la justice !*) Je réponds : à la justice. (*Applaudissements. — Un assistant : La solidarité vaut mieux.*)

Et puis, après cela, la charité va se diversifiant. C'est toujours un devoir strict que de faire du bien aux autres, mais la manière de le faire et la mesure dans laquelle on doit le faire ne sont pas toujours déterminées, et tant mieux, car, autrement, il n'y aurait point de liberté, donc point de libéralité, donc point de générosité. Mais, Messieurs, quand même nous considérerions la charité dans ce qu'elle a de plus beau et de plus sublime, il faudrait dire que jamais elle ne se passe de la justice. Non, la charité, dans ses plus belles et dans ses plus sublimes effusions, je le répète, je le maintiens, ne remplace pas la justice ; elle la suppose. C'est ainsi, n'est-ce pas, que, si vous considérez un arbre, bien superbe est la tige, bien belles sont les branches, bien brillantes sont les fleurs, bien savoureux et bien exquis sont les fruits, mais, n'est-ce pas, cela suppose la racine, tout cela suppose l'obscure et puissante racine sans laquelle il n'y aurait ni tige, ni branches, ni fleurs, ni fruits. (*Applaudissements.*)

Ainsi il n'y a pas moyen de se passer de la justice, et c'est la justice qui est à la base. Quelques-uns me diront peut-être que c'est une parole imprudente. (*Non ! non !*) Je sais que beaucoup ne le diront pas, mais il faut penser à ceux qui diraient que c'est une parole imprudente : il y a des gens qui trouvent que toute vérité n'est pas bonne à dire. Messieurs, c'est vrai, toute vérité n'est pas bonne à dire, non pas à cause d'une vulgaire et mesquine prudence, mais parce qu'il faut avoir des ménagements pour les esprits et pour les âmes, et c'est pour cela qu'il faut ajourner l'expression de certaines vérités que certaines âmes ne peuvent pas encore porter. Mais ce n'est point le cas ici. Nous faisons, je l'ai dit en commençant, notre examen de conscience puisque nous examinons notre responsabilité... *(Un assistant : Nous ne sommes pas à l'église!)*, et, là, toute vérité est bonne à dire.

Que si nous trouvons dans la société quelque chose qui est contre la justice, si la société, en ce sens-là, est en état de péché et de péché mortel... *(Oh! oh!)* Oui, oui, Messieurs... eh bien, nous le dirons... *Bruit.* — *Un assistant : Pour imiter les catholiques, vous avez fait des baptêmes civils!)*, nous le dirons, nous le déclarerons, et nous le déclarerons pour que la société ne meure pas dans son péché et de son péché! *(Applaudissements.)*

Et, d'ailleurs, Messieurs, si l'on veut triompher de l'erreur, — et l'erreur, je vous le dis tout de suite, l'erreur que j'ai en vue ici, c'est le socialisme. *(Bruit. Quelques assistants, qui semblent avoir manqué leur vocation d'enfants de chœur, entonnent : Esprit-Saint, descendez en nous, embrasez notre cœur)*... Je dis que, si l'on veut triompher de l'erreur, il y a deux moyens... *(Un assistant : Vive le socialisme! l'un consiste... (Bruit.)* Mais vous ne savez pas ce que je vais dire : ne le jugez pas!... L'un consiste à briser la formule où s'enveloppe l'erreur; et l'autre consiste à chercher, dans l'erreur, l'âme de vérité qu'elle recèle... *(Ah! Ah! — Un assistant : Ça c'est joli!)* Briser la formule, c'est nécessaire, parce que, autrement, il n'y a rien de net dans le monde. Si l'on ne sait pas briser et réduire en miettes les formules erronées, il n'y a rien de net et rien de ferme dans l'esprit. Mais, si l'on ne sait pas dégager, de l'erreur, l'âme de vérité dont l'erreur n'est que l'abus, si l'on ne sait pas la faire apparaître, cette vérité, eh bien ! Messieurs, on a pu briser l'erreur, mais on n'a pas su guérir l'erreur, on n'a pas guéri les errants. (*Applaudissements.*)

Voilà pourquoi je prétends que, devant le socialisme, il faut savoir parler de justice sociale. (*Applaudissements.*)

## II. — Tout « avoir » crée un « devoir », et la richesse est une fonction sociale.

Messieurs, je passe à la seconde proposition. (*Ah ! ah !*) J'y serais arrivé beaucoup plus tôt si vous l'aviez permis ; nous avançons lentement, ce n'est pas ma faute. Cette seconde proposition est fort simple. Je dis que toute richesse est une fonction sociale et que tout avoir crée un devoir, et par avoir, Messieurs, j'entends toute espèce d'avoir : un peu d'instruction, un peu d'influence, un peu de pouvoir, tout cela c'est de l'avoir (*Applaudissements*) et, toutes les fois que nous avons quelque chose de cela, cela crée pour nous un devoir. (*Applaudissements.*)

C'est ainsi que le monde est fait. Partout on reçoit pour transmettre ; partout on reçoit pour donner, et la société est un organisme, tous les membres sont unis les uns aux autres, tiennent les uns aux autres, et ils doivent s'assister les uns les autres. Oui, Messieurs, avoir plus que d'autres, cela étonne une âme bien née et cela la scandalise, mais pour qui sait voir et qui sait comprendre (et ce n'est pas commun) (*Rires*) l'étonnement cesse et le scandale cesse... (*Bruit*) l'étonnement cesse et cesse le scandale, le jour, où, reconnaissant que, sur un point ou sur un autre, on a un peu plus qu'autrui, on se dit qu'on l'a pour en faire part, d'une certaine manière, à autrui. (*Applau-dissements.*)

Voilà pourquoi, Messieurs, dans un livre qu'on lit fort peu, parce qu'il est très simple et très sérieux, dans *l'Organisation du travail* de F. Le Play... (*Bruit.* — *Un assistant : A bas la calotte !*), dans ce livre, Messieurs, nous lisons cette parole : « La notion de la propriété, dit Le Play, s'est tellement faussée qu'elle n'implique plus que l'idée d'une jouissance person-nelle. »

Voilà donc comment on peut oublier que la richesse, que l'avoir, sous quelque forme que ce soit, et si mince qu'il soit, constitue un devoir, que c'est une fonction sociale. Et Messieurs, si vous voulez vous rendre compte de ce que peut devenir l'avoir même le plus respectable, quand on cesse, pour ainsi dire, de le justifier et de le mériter par les services rendus, vous n'avez qu'à lire (je devrais dire relire... je n'en sais rien, pourtant), vous n'avez qu'à lire le premier vo-lume des *Origines de la France contemporaine* de Taine. (*Ah ! Ah !*) Oui, oui, Messieurs, si vous le lisez, vous verrez qu'il y est question de ce que, dans l'ancienne société, on appelait les privilégiés, et Taine parle admirablement des services qu'ils avaient rendus et qui leur avaient mérité leurs privilèges. (*Un assis-tant : Ils sont inutiles maintenant !* Mais il remarque combien, à la fin du siècle dernier, et déjà avant, les services avaient diminué, souvent ils avaient presque cessé, et seul restait le privilège. Lisez cela, et vous ver-rez, Messieurs, ce que je veux dire quand je dis que toute richesse et tout avoir est une fonction sociale et qu'il faut justifier, qu'il faut mériter cet avoir et cette richesse par les services rendus.

Un assistant. — Expliquez-nous donc un peu le rôle du capital ! Ça vaudra mieux ! (*Bruit.*)

M. Ollé-Laprune. — Messieurs, vous conspirez con-tre vous-mêmes : vous allongez indéfiniment cette conférence, car je vous dirai tout ce que je veux vous dire.

## Trois devoirs s'imposent à nous

J'ai essayé de montrer pourquoi nous sommes responsables devant le mal social et en quoi nous le sommes. De ce que je viens de dire; il résulte trois choses, trois devoirs : le premier, je l'appelle le devoir de l'action sociale ; le second, je lui donne un nom qui, tout d'abord, ne sera peut-être pas bien compris, mais on le comprendra vite... (*Un assistant : Oui, nous sommes si bêtes ! — De toutes parts : Oui, oui, oui ! — Applaudissements.*) Le second, Messieurs, je l'appelle le devoir de la compétence sociale... Vous avez entendu?... (*Oui*) de la compétence sociale : et le troisième, je l'appelle le devoir de la réforme intellectuelle et morale. (*Applaudissements.*) Sur chacun de ces devoirs, je serai court, mais je vous préviens une fois de plus que je dirai tout ce que je me propose de dire. (*Applaudissements.*)

## I. — Il faut agir.

Il y a donc d'abord le devoir de l'action sociale. Oui, il faut agir, et il y a plusieurs moyens d'agir : il y a, avant tout, l'initiative privée. L'initiative privée, Messieurs, n'oublions pas que c'est le commencement et l'essentiel. L'initiative privée : il y a trop d'hommes qui, en présence d'une difficulté ou d'un danger quelconque, appellent un sauveur, un dictateur. Non, Messieurs, il ne faut pas compter sur les sauveurs : il faut se sauver soi-même. (*Applaudissements.*)

Donc l'initiative privée, et cette initiative privée a

deux formes : elle consiste à aller au peuple. (*Un assistant : Allez-y un peu, vous serez bien reçus ! — Un autre : Je serais aussi bien reçu que vous !*) et elle consiste aussi, pour quiconque a quelque chose, à s'occuper du peuple. (*Applaudissements.*)

Ces deux propositions ne sont pas synonymes. Ce que j'appelle aller au peuple, c'est se mettre en contact avec lui, c'est le voir, c'est lui parler, c'est mettre votre main dans sa main. Et puis ce que j'entends, quand on a quelque chose de plus que les autres, par ce mot : s'occuper du peuple, c'est chercher les moyens de diminuer et de soulager ses souffrances et de remédier à ce que j'ai appelé, dans la première partie de ce discours : l'iniquité. (*Un assistant : Hypocrite !*)

Et puis, Messieurs, l'initiative privée ne suffit pas : il faut aussi l'association ; il faut que les hommes s'associent les uns aux autres, et c'est vrai, c'est vrai de ceux qui ont quelque chose, c'est vrai des autres aussi. (*Un assistant : Vivent les syndicats !*) Oui, les syndicats, si vous voulez.

Enfin il y a une troisième manière d'entendre l'action sociale : il y a des hommes qui en appellent à l'État, qui mettent toute leur confiance dans l'État. Eh bien, Messieurs, je vous dirai ceci : c'est une erreur que de prétendre que l'État c'est l'ennemi et qu'il n'y a rien à lui demander, mais c'est une erreur aussi que de prétendre que l'État c'est le sauveur et qu'il faut lui laisser tout faire. (*Applaudissements.*) Si vous laissez tout faire à l'État, alors c'en est fait de la liberté, c'en est fait de l'initiative, c'en est fait de la vie. Mais, d'un autre côté, il ne faut pourtant pas dire qu'il n'y a rien à attendre de l'État, qu'il n'y a rien à attendre de la législation. Quand il y a, dans la société, quelque chose qui ne va pas ; quand il y a une faiblesse opprimée d'une manière ou d'une autre, il est tout simple, il est tout naturel que l'État soit le

protecteur de cette faiblesse. (*Bruit. — Un assistant :
Le gendarme ! — A la loge ! — Vivent les socialistes ! —
A bas !*)

Je reprends, Messieurs, mes deux propositions,
pour qu'il n'y ait aucune erreur ni aucun malentendu
sur ma pensée. Je dis que ni il ne faut tout attendre
de l'État, ni il ne faut vouloir se passer entièrement
de l'État. (*Ah ! ah !*)

## II. — Il faut se rendre compétent dans les questions sociales.

J'arrive au second devoir, celui que j'ai appelé le
devoir de la compétence sociale. Messieurs, en tout
ordre de choses, la compétence est, n'est-ce pas, la
première condition pour enseigner quoi que ce soit.
(*Un assistant : C'est vous qui l'avez !*) Eh bien, dans les
questions sociales, on s'improvise trop vite docteur
(*Applaudissements*); dans les questions sociales, on croit
pouvoir tout décider sans avoir rien étudié. (*Applaudissements.*) L'on a quelques idées très générales et
quelques sentiments très généreux, on se croit en
état de proposer des remèdes positifs aux maux
sociaux. C'est une grande imprudence, c'est une
grande témérité, et voilà pourquoi je crois que c'est
un devoir, pour la jeunesse sérieuse, que d'acquérir,
dans les questions sociales, une certaine compétence,
pour en traiter. (*Bruit.*)

Et je dis que c'est un devoir pour tous, parce que
tous, aujourd'hui, ont à dire leur mot sur ces questions. (*Un assistant : Oui, vous l'avez dit !*)

**III. — Il faut travailler au raffermissement des intelligences et des volontés, et savoir prendre parti pour la vérité, pour le bien, pour Dieu.**

Et enfin, Messieurs, j'arrive au dernier point (*Ah! ah!*) et je vous préviens que, quelque opposition que vous puissiez faire à ce que je vais dire, je le dirai tout entier... (*Applaudissements. — Un assistant : Vous avez bien mérité de la maison Leroy-Beaulieu!*) parce que, dans notre pays, on parle beaucoup de la liberté et on l'aime : eh bien, ce soir, dans cette salle, devant vous, je suis une liberté... (*Applaudissements. — Un assistant :... la Liberté éclairant le monde!*)

Il me reste donc à vous parler de ce que j'ai appelé le devoir de réforme intellectuelle et morale, et, à l'heure présente, de cette réforme, le principal, l'essentiel, selon moi, c'est le raffermissement des esprits et des âmes, le raffermissement des intelligences... (*Bruit. — Un assistant : Dire que ceux qui font tant de bruit, ce soir, s'appellent les défenseurs de la liberté!*)

A l'heure présente, l'essentiel, le principal de cette réforme, c'est, à ce qu'il me semble, le raffermissement des esprits et des âmes, le raffermissement des intelligences et des volontés. Avoir, sur les hommes et sur les choses, des idées simples, nettes, justes, fermes, et puis savoir prononcer, au dedans de soi, sur le vrai et le faux, au dedans, Messieurs, et au dehors aussi, et enfin oser conclure et mettre sa parole, ses actes, sa conduite privée et sa conduite publique d'accord avec ses lumières, c'est là ce qui, aujourd'hui, nous manque le plus. (*Applaudissements.*)

Cette inconsistance durera tant que nous ne serons pas plus soucieux que nous le sommes d'avoir des principes. (*Ah! ah!*) Que les connaissances s'accumulent et montent ; si les principes diminuent et baissent, la pensée finira par se dissoudre. (*Applaudissements. — Bruit.*)

Messieurs, quand même il pourrait vous être indifférent (ce qui n'est pas) que votre pensée fût ferme ou qu'elle ne le fût pas, socialement cela ne saurait être indifférent, et notre devoir social nous interdit cette molle indécision. Travaillez à vous rendre capables de prendre parti et de prendre parti pour ce qui le mérite ! Grande est la différence entre être homme de parti et savoir prendre parti. (*Un assistant : Bossuet n'eût pas mieux dit !*) L'homme de parti se rétrécit, et s'emprisonne et s'enchaîne. (*Applaudissements. — Bruit.*)

Mais prendre parti, et prendre parti pour ce qui le mérite, c'est être fort, et c'est être fort parce que c'est accepter et appliquer la loi de vérité qui domine les esprits et la loi morale qui domine les volontés. (*Applaudissements.*)

C'est donc rattacher sa pensée petite et faible...

Un assistant. — La vôtre...

M. Ollé-Laprune. — La mienne, oui, et la vôtre aussi par conséquent,... comme toute pensée humaine !... c'est donc rattacher sa pensée à quelque chose qui est plus qu'elle, et je dirai le mot, Messieurs, c'est être fort, parce que c'est rattacher l'homme à Dieu. (*Triple salve d'applaudissements. — Bruit.*)

On a beau crier : « Ni Dieu ni Maître »... (*Un assistant : Parfaitement ! — Bruit. — Un autre : Vive la République !*), il faut bien que l'homme ait un maître, et, s'il ne choisit pas pour maître le vrai, le bien... (*Un assistant :... le beau !*)

Non, pas le beau... ce n'est pas un maître... S'il ne choisit pas pour maître ce qui est au-dessus de lui, il a pour maître ce qui est au-dessous (*Applaudissements*), et s'il ne prend pas pour maître ce que j'ai appelé le vrai, le bien, et Dieu, il tombe sous le joug de la nature et des éléments. (*Applaudissements. — Un assistant : C'est Pascal qui le dit.*)

Dans les débats qui préoccupent, qui passionnent, qui tourmentent nos contemporains, ne soyez pas hésitants, ne soyez pas indécis et sachez prendre parti pour la vérité, pour la justice et pour Dieu ! (*Applaudissements. — Un assistant : Vive Loyola ! — Bruit.*) J'irai jusqu'au bout de ma pensée, parce que c'est ma coutume, je l'ai toujours fait à l'Ecole normale et je le ferai ici. (*Applaudissements. — Vive Jaurès ! — Un assistant : Ne faites pas de la réclame !*)

## On ne peut se passer de Dieu ni du Christ.

Donc la voici tout entière, ma pensée. (*Un assistant : Concluez !*) Devant ce grand fait,... devant ce grand fait qui frappe tous les yeux, à savoir : la force sociale incomparable de l'idée religieuse et de la chose chrétienne... (*Oh ! oh ! — Bruit. — Vive Mahomet ! — Vive Bouddha !*)... il faut savoir prendre parti. (*Un assistant : Pas de jésuites !*) Il faut savoir prendre parti et pour appeler les choses par leur nom, ou vous êtes ici des chrétiens ou vous n'en êtes pas...(*Oh ! oh ! — Un assistant : Il y a aussi des juifs. — Bruit. — Un autre : Nous sommes des socialistes et des athées ! — Bruit.*) Vous êtes des chrétiens ou vous n'en êtes pas, ou du moins vous croyez et prétendez n'en être pas. Eh bien, Messieurs, je parle à ceux qui sont chrétiens d'abord (*Applaudissements. — Assez !*)... et je leur dis : Si vous êtes chrétiens... (*Non, non !*) Messieurs, il me suffit qu'il y en ait un pour que ma parole ne soit pas inutile... je leur dis donc: Si vous êtes chrétiens, comment, ayant dans vos esprits, dans vos cœurs et entre vos mains ce trésor de la doctrine chrétienne...(*Un assistant: L'abbé Garnier!*)... et plus précisément encore de la doctrine catholique (*Bruit*)... comment pourriez-vous, socialement, n'en rien faire? Comment pourriez-vous agir, ou plutôt demeurer sans agir, comme s'il n'y avait rien à en faire? (*Bruit.*) Comment pourriez-vous agir, ou plutôt demeurer sans agir comme si de cela il n'y avait rien à faire? Et si vous n'êtes pas chrétiens, eh bien! vous avez encore un devoir. (*Un assistant: Vous êtes chrétien, vous?... Vous êtes catholique!*) Eh! vous le savez bien!... — Si vous n'êtes pas chrétiens ou si vous croyez et prétendez ne l'être pas, vous avez encore un devoir: c'est celui de regarder cette grande force sociale avec une attention je dirai inquiète, anxieuse. (*Un assistant: Qu'est-ce que ça veut dire? — Un autre: Qu'est-ce que ça vient faire dans le débat? — Un autre: Les dieux s'en vont! — Un autre: Les dieux sont morts!*)

Les nations, on aura beau faire et beau dire, les nations ne se passent pas de Dieu, et, depuis que le Christianisme existe, les sociétés ne se passent pas du Christ! (*Applaudissements.*) Jeunes gens (*Bruit*), jeunes gens, dans le cours troublé de cette conférence... (*Un assistant: Concluez!*)... je vous ai parlé de votre responsabilité devant le mal social... (*Un assistant: Nous l'acceptons*)... Eh bien, Messieurs, il vous en reste une dernière (et ce sera le dernier mot de mon discours): (*Ah! ah! — Bruit.*) Vous aurez votre part, et une grande part, dans le mal social; vous ne travaillerez pas comme il faut à le diminuer; vous contribuerez, au contraire, à l'augmenter, ce mal social, c'est-à-dire faut-il le rappeler une dernière fois? cet antagonisme que j'ai défini, et la souffrance, et la misère, vous aurez, dis-je, une lourde responsabilité, si vous refusez ou simplement vous négligez de voir, de regarder (*Bruit*)..., d'étudier, de mettre à profit la vertu raffermissante, la vertu régénératrice, la vertu sociale du Christianisme et de l'Église... (*Applaudissements prolongés.*) (1).

(1) Sténographié par Gustave Duployé, 36, rue de Rivoli.

Paris. — Imprimerie F. Levé, rue Cassette, 17.

# COMITÉ DE DÉFENSE ET DE PROGRÈS SOCIAL

## PUBLICATIONS

### Conférences (broch. in-18 à 0 fr. 05).

No 1. Pourquoi nous ne sommes pas socialistes, par M. ANATOLE LEROY-BEAULIEU.

No 2. L'usage de la liberté et le devoir social, par M. GEORGES PICOT.

No 3. Le progrès social par l'initiative individuelle, par M. ROSTAND.

No 4. Le devoir d'aînesse, par M. PAUL DESJARDINS.

No 5. Le rôle et le devoir du capital, par M. E. CHEYSSON.

No 6. Le devoir social de la jeunesse, par M. WAGNER.

No 7. Notre responsabilité devant le mal social, par M. OLLÉ-LAPRUNE.

No 8. Les assurances ouvrières et le socialisme d'Etat, par M. ALB. GIGOT.

No 9. L'agriculture et le socialisme, par M. D. ZOLLA.

No 10. Le Comité de défense et de progrès social, par M. A. LEROY-BEAULIEU.

No 11. La liberté d'association, par M. GABRIEL ALIX.

No 12. La diffusion de la fortune mobilière en France, par M. R.-G. LÉVY.

No 13. Le rôle social de l'écrivain, par M. RENÉ DOUMIC.

No 14. La coopération, ses bienfaits et ses limites, par M. MABILLEAU.

No 15. Les solutions socialistes et le fonctionnarisme, par M. ROSTAND.

No 16. Salariés et capitalistes, par M. DANIEL ZOLLA.

No 17. Voyage social en Allemagne, par M. GEORGES BLONDEL.

No 18. Le rôle social de la colonisation, par M. J. CHAILLEY-BERT.

No 19. Le Vooruit de Gand, par M. J. VAN DEN HEUVEL.

No 20. Les expériences sociales en Australie, par M. PIERRE LEROY-BEAULIEU.

No 21. La répression pénale et les intérêts populaires, par M. H. JOLY.

No 22. La crise du revenu et la loi du travail, par M. E. CHEYSSON.

No 23. Les finances françaises, par M. R. STOURM.

No 24. Une alliance contre l'esprit sectaire, par M. CH. WAGNER.

No 25. La criminalité de la jeunesse, par M. HENRI JOLY.

No 26. L'assurance au point de vue social, par M. E. CHEYSSON (sous presse.)

No 27. Les lois de la démocratie, par M. GABRIEL ALIX.

No 28. Les ennemis de notre progrès économique, par M. GEORGES BLONDEL.

No 29. Le socialisme électoral, par M. EUGÈNE D'EICHTHAL.

# COMITÉ DE DÉFENSE ET DE PROGRÈS SOCIAL

---

## PUBLICATIONS

*(Suite.)*

### Tracts à 2 fr. le cent assortis.

1. La propriété.
2. Histoire d'une casquette.
3. La nationalisation du sol.
4. Le plus coûteux des gouvernements.
5. Mes griefs contre le socialisme, par M. EUG. D'EICHTHAL.
6. Le budget de l'Etat collectiviste, par M. MAURICE BLOCK, de l'Institut.
7. Socialistes, pourquoi pas? par M. PAJOT.
8. La patrie française et l'internationalisme, par M. ANATOLE LEROY-BEAULIEU, de l'Institut.
9. Les citations de M. Jaurès et la véracité des socialistes, par M. PAUL LEROY-BEAULIEU, de l'Institut.
10. Collectivisme agraire et nationalisation, par le même.
11. A l'école de la coopération et à l'école du socialisme, par M. EUG. ROSTAND, de l'Institut.
12. Les responsabilités de la presse, par M. ANATOLE LEROY-BEAULIEU, de l'Institut.
13. Criminalité et socialisme, par M. EUG. ROSTAND, de l'Institut.
14. Le salariat et le salaire, par M. LEVASSEUR, de l'Institut.
15. Comment rendre à la France son ancien rang dans le monde, par M. A. DELAIRE.
16. Le pain gratuit, par M. A. BÉCHAUX, correspondant de l'Institut.
17. L'association dans les campagnes, par le même.
18. Les tarifs progressifs d'imposition en France, par M. RENÉ STOURM, de l'Institut.
19. La démocratie a-t-elle besoin d'une élite? par M. H. JOLY.
20. Population et fonctionnarisme, par M. A. BÉCHAUX, correspondant de l'Institut.
21. Une victoire financière : la libération du territoire après 1870, par le même.
22. Les confessions d'un socialiste désabusé, par M. GEORGES BLONDEL.

# BULLETIN DE SOUSCRIPTION

Le Comité recevra avec reconnaissance les souscriptions destinées à couvrir les frais de sa propagande, tant à Paris qu'en province. Les souscripteurs ayant versé **20** francs et au-dessus recevront toutes les publications du Comité. — La liste des souscripteurs ne sera pas publiée.

*Je soussigné (nom et adresse lisibles)* _______

_______

_______

*mets à la disposition du Comité la somme de* _______

_______

*jointe au présent bulletin en mandat, bon ou chèque;* **ou bien** *: que le Trésorier pourra faire toucher à mon domicile, à partir du* _______

_______

(Date et Signature)

Adresser les Bulletins de Souscription à M. DELAIRE, Secrétaire-Trésorier du Comité, *rue de Seine*, 54, *à Paris.*

PARIS. — IMPRIMERIE F. LEVÉ, RUE CASSETTE, 17

DOCUMENT(S) TROUVÉ(S) DANS LE VOLUME

# IMPRIMERIE F. LEVÉ

### 17, RUE CASSETTE, PARIS

---

EXÉCUTION DU PARAGRAPHE 3 DE L'ARTICLE 3 DE LA
LOI DU 29 JUILLET 1881.

---

**Titre de l'ouvrage** *De la Responsabilité de
Devant le Mal Social*

**Chiffre du tirage :** *3000 Exemplaires*

**Editeur** *Comité de Défense et de Progrès Social*

Paris, le *16 Mars*

*Nailly*

*1900*